Miriam Geiser

freigesetzt

Lyrik, Prosa und Schnipsel

AF216157

MIRIAM GEISER

freigesetzt

Lyrik, Prosa und Schnipsel

Titelbild und Umschlaggestaltung:
Miriam Geiser

Herstellung und Verlag:
BoD – Books on Demand, Norderstedt

ISBN: 978-3-7481-4887-6

Inhaltsverzeichnis

Zwischenmenschliches......61

Vorwort

Lyrik, Prosa und Schnipsel
- eine ziemlich bunte Mischung aus Gedichten und
kurzen Niederschriften in Prosa, drei Songtexten
(gekennzeichnet mit „ ♫ ") und zwei Bildern.

Lyrik, Prosa und Schnipsel
- Versuche, in Worte zu fassen, was mich bewegt.
Inspiriert durch persönliche Erlebnisse, Emotionen
und Gedanken.

Lyrik, Prosa und Schnipsel
- ohne Anspruch auf Perfektion. In der Zeit von
Social Media können wir filtern, was die Menschen
von unserem Leben sehen sollen. Oft zeigen wir nur
den Glanz und den Glitzer. Ich finde es wichtig, dass
wir nicht nur das Schöne, sondern auch das
Schwierige in unserem Leben miteinander teilen.
Nicht um uns zu beklagen oder andere damit
hinunterzuziehen, sondern um zu sagen: „Hey, ich
bin nicht perfekt. So geht es mir. Wie geht es dir
(damit)?" Das wirkt befreiend. Denn so können wir
einen authentischen Dialog ermöglichen und andere
an unserem Leben teilhaben lassen.
Ich finde, sowohl Blütezeiten als auch Wüstenzeiten
können eine Bereicherung sein und Geschenke des
Lebens an uns mit sich bringen.

Lyrik, Prosa und Schnipsel
- freigesetzt. Mögen sie dir heute Segen geben!

Leben und Erleben

„Ich bin davon überzeugt,
dass meine Fähigkeit,
tief zu empfinden, [...]
meine Fahrkarte ins Wunderland ist."

Aus: „Unorthodox" von DEBORAH FELDMAN

Sommerphänomene

Sonnenstrahlen
streicheln warm mein Gesicht
liebkosen meine Seele
durch ihr belebendes Licht

Wind
zerzaust übermütig mein Haar
beflügelt meinen Geist
ist real, doch nicht fassbar

Tropfen
tanzen fröhlich über meine Haut
wie ein erfrischender Schauer
der mein Herz wieder auftaut

13. Juli 2018

Nachts an der Limmat

Ich sitze auf einem Stein nahe am Fluss,
fast schon im Flussbett.

Es ist bereits dunkel und die den Fluss umsäumenden
Bäume umgeben mich wie riesige, von Zwielicht
umhüllte Fabelwesen. Mit den schillernden Lichtern in
der Ferne entsteht eine mystische, beinah magische
Stimmung. Wenn im Dickicht kurz das schimmernde
Fell eines majestätischen, weissen Einhorns zu sehen
gewesen wäre, um im nächsten Augenblick wieder in der
Dunkelheit zu verschwinden – es hätte mich nicht
gewundert.

Die Grillen zirpen im Hintergrund, vom anderen
Flussufer her hört man Menschen lachen. Die
freundschaftliche, seelenwärmende Präsenz des neben
mir Verweilenden vermittelt mir ein wohliges Gefühl
von Ruhe, Geborgenheit und Sicherheit.
Ich höre dem Wasser zu, das wie mit tausend
summenden Stimmen seine klingenden Geschichten
erzählt. Es sprudelt, gluckert, rauscht, strömt und braust
in allen möglichen Tönen und Tonlagen um mich
herum. Hohes, quirliges Plätschern mutet fast wie
fröhliches Kichern an, während gleichmässiges, dennoch
lebendiges Rauschen für eine klangliche Beständigkeit
sorgt, die immer wieder von gelegentlichem, tieferem
Gluckern durchbrochen wird.

Die Klänge zerfliessen und alles schwillt zu einem pulsierenden Geräuschteppich an, der mich in seine kreisende Strömung mit hinein nimmt. Ich schliesse die Augen und verschmelze mit meiner Umgebung. Ich hebe ab, beginne zu schweben und zu rotieren. Mein Wesen beginnt fast, sich von meinem Körper abzulösen und ich öffne die Augen wieder – nur um mich zu vergewissern, dass ich noch da bin, alles an seinem Platz ist. Erneut mache ich die Augen zu. Diesmal sind mein Körper und meine Seele ganz fassbar und ich gebe mich den Geräuschen hin; dem Fluss, der mit seinem Wasser um mich herum fliesst und mich mitnimmt mit seinem Strom in den geheimnisvollen Zauber des Seins.

2. August 2018

Frühling

– ein Gedicht aus der eigenen Primarschulzeit

Wie ist es wohl im frischen Grün,
im goldenen Sonnenschein?

Wie ist es, wenn man frei ist
und auch nicht mehr allzu klein?

Die Blumen spriessen wie verrückt,
die Knospen springen auf.

So ist es, wenn man frei ist
und noch glücklich obendrauf.

Frühjahr 2006

Herbst

Sich in warme Farben verfärbende Bäume
trotzen der verschwindenden Sonne.
Durch deren Strahlen zum Leuchten gebracht,
sind sie wie Abendlicht vor der Winternacht.

Ausklang
       und doch
   Lebendigkeit

— ein Abschied,
       doch lebensbejahende Heiterkeit

Ein leichter Lufthauch
wirbelt das Laub vom Boden auf.
Es klingt, als würden sie leise tuscheln,
wenn die trockenen Blätter kaum hörbar rascheln.

Lebensfrust
       wird zu
   Lebenslust

   — deprimierende Taubheit
       wird zu prickelnder Daseinsfreude

Das Laub
bewegt sich,
der Wind
belebt mich,
die kühle Luft
erfrischt mich so herrlich.

Ich atme sie ein
und das Herz wird mir weit.

Der Herbst
ist meine
Jahreszeit.

Bunte Blätter,
wie ein optisches Gedicht,
leuchten kraftvoll
im goldenen Spätnachmittagslicht.

die Farben

sind

letzte Geschenke des Sommers

– Erinnerungen,

die uns

ihr eigenes Vergangensein

vor Augen führen

So wunderschön
und gleichzeitig schmerzvoll
ist der Übergang in die kommende Zeit.
Alles weist auf sie hin –
bald ist es soweit!

Bald legen sich die Pflanzen zur Ruhe
und lassen scheinbar das Leben los.
Doch nicht wirklich;
nur die Blätter verschwinden,
um so die eisige Kälte
– den *Tod* –
zu überwinden.

Der Wald zeigt sich zum Abschied
nochmal in ganzer Farbenpracht.
Doch ich
bin bei deren Anblick

      erneut

           zum Leben

  erwacht.

* ** * ** ** * ** ** * ** *

Erlösung.

So unerklärlich wie
geheimnisvoll
und doch ganz einfach
und wundervoll.

* ** * ** ** * ** ** * ** *

31. Oktober & 12. November 2018

Flughafen (von Anja Büchi)

Ankommen. Gehen.
Geschäftiges Treiben
Nach London, nach Rom
Um hier zu bleiben.
Um zu entfliehen.
Von hier nach dort.
Gerade noch da
Schon – fort.

Lachende Gesichter.
Tränen tropfen.
Abschied. Empfang.
Herzen klopfen.
Schnelle Schritte,
Gemächlich vorbei.
Auf unbekanntem Gebiet,
Endlich daheim.

Blaue Augen.
Blauer Himmel.
Blauer Koffer.
Wildes Getummel,
Du und ich.
Liebevoller Blick.
Flugzeuge, Schmetterlinge.
Du bist zurück.

3. April 2013

Abendstimmung

Himmel
in Rosa- und Orangetönen
fehlt nur noch
das Einhorn
das mit Regenbogenschweif
über die Wolken
hüpft

eine riesige kupferfarbene
Sonne
versinkt gemächlich
hinter dem Horizont
nach einem langen Tag
erinnert sie uns daran
zur Ruhe
zu kommen

das frisch geschnittene
Stoppelfeld
verströmt
den einladenden Geruch
von Getreide

wir legen uns
ins Stroh
das am Rand des Feldes
darauf wartet
zu Strohballen
gepresst zu werden

frische Weizenkörner
aus den liegengebliebenen Ähren
klaubend
sinnen wir
über unser Dasein nach
und freuen uns
des Lebens

leben
im Moment

die Gegenwart
geniessen

ganz da
sein

Aprikosen mit Nutella
schlemmen
dazu
heisse Schokolade oder Tee
schlürfen
dabei
Gemeinschaft
geniessen

die leckere Lasagne
mit knuspriger Kruste
und delikatem Duft
haben wir zuvor
fast ganz
verputzt
wenn auch
zu wenig gesalzen
schmeckte sie dennoch
vorzüglich

erzählen uns
alberne Anekdoten
erfinden
spassige Spiele
lachen
unbeschwert
wie
in unserer Kindheit

leben
im Moment

die Gegenwart
geniessen

ganz da
sein

Ein herrlicher Sommerabend mit Freunden.

13. & 14. Juli 2018

Ein Tag im Leben von Christian Lerch, 36, Bauer

Er lebt in den Jurabergen, betreibt Viehzucht und Milchwirtschaft und ist Mitglied der Täufergemeinde.

Wir schreiben das Jahr 1881. Der Hahn unseres Bauernhofes „Les Boveresses" kräht. Schlaftrunken wälze ich mich aus dem Bett und wecke meine Frau Anna, meine Kinder und Grossvater Abraham. Nachdem wir uns angezogen haben, gehe ich mit Abraham und meinem älteren Sohn Daniel am Hang mähen. Heute machen wir keinen Käse, denn wir haben erst gestern gekäst. Der vierzehnjährige Samuel läuft barfuss ins Tal hinunter, wo er unsere Butter und auch Käse vom letzten Jahr auf dem Markt feilbietet. Unterdessen melkt Anna mit meiner ältesten Tochter Katharina und den jüngeren Kindern unsere vier Kühe, füttert die Hühner und bereitet das Frühstück vor. Wie immer gibt es Rösti, denn Kartoffeln sind eine der wenigen Pflanzen, die hier oben auf den Jurahöhen wachsen. Ursprünglich kommen meine Vorfahren aus dem Emmental. Sie sind nach dem Dreissigjährigen Krieg hierher geflüchtet, weil die Berner Regierung unseren Glauben nicht akzeptierte. Wir Täufer sind gegen die Kindstaufe, denn die Leute sollen selbst bestimmen können, ob sie getauft werden wollen oder nicht. Der katholische Basler Bischof gewährte meinen Vorfahren hier Zuflucht, sofern sie oberhalb von 1000 Metern lebten und ihn nicht störten. Das ist bis heute so geblieben.

Nach dem Frühstück nehme ich meinen Hut vom Nagel und mache mich mit Daniel auf den Weg zur Freiberger-Pferdezucht von Vetter Heinrich. Wir möchten bei ihm ein neues Pferd kaufen, weil wir unsere alte Stute vor zwei Wochen abtun mussten, nachdem sie eine Schlucht hinuntergestürzt war. Ausserdem hat mir Vetter Heinrich beim letzten Treffen unter der Täuferbrücke erzählt, dass er unbedingt Platz im Stall braucht, denn eine seiner Stuten würde bald fohlen. Vetter Heinrich verkauft mir die Tiere zu einem redlichen Preis, denn unter Täufern hilft man sich.

Wir gehen zu Fuss. Auf dem Weg sehen wir Berge und Schluchten, wandern durch den Wald und kommen an Weiden vorbei, auf denen Kühe und Pferde friedlich nebeneinander grasen.

Gegen Mittag kommen wir an. Nach der Begrüssung gehen wir in den Stall und Vetter Heinrich zeigt uns die Pferde, die wir kaufen könnten und berät uns. Ich entscheide mich für eine vierjährige Stute. Dann ruft auch schon seine Frau zum Essen. Nach dem Tischgebet essen wir alle aus der gleichen Schüssel Rösti mit Speck und Gemüse aus dem Garten. Danach spricht Vetter Heinrich nochmals ein Gebet und nimmt die grosse alte Familienbibel hervor. Er liest einen Abschnitt aus dem „Sant Lucas Evangelion".

Später holen wir unsere neue Stute aus dem Stall, bedanken uns und machen uns wieder auf den Heimweg.

Zuhause hat meine Frau Anna mit Katharina das Heu schon zu schönen Maden zusammengerecht. Anna fällt die Arbeit ein bisschen schwer, weil sie ihr fünftes Kind erwartet.

Katharina ist von meiner ersten Frau Anna-Magdalena, geborene Geiser. Sie starb im Wochenbett am Fieber. Ich flicke mit Abraham noch das Rad eines Leiterwagens, während die andern wieder die Kühe melken.

Der Tag neigt sich dem Ende zu. Unsere kleine Lydia scheucht die Hühner in den Stall. Sie ist froh, dass sie heute nur wenig Hausaufgaben bekommen hat. Wir haben eine Privatlehrerin, weil der Weg in die Schule im Tal viel zu weit ist.

Zum Znacht gibt es Rösti mit Stierenaugen (das sind Spiegeleier).

Die ganze Familie geht schon bald ins Bett, denn morgen müssen wir wieder früh aufstehen. Ein eigener Bauernhof macht halt viel Arbeit.

7. Oktober 2010

Anmerkung: Christian Lerch (1845-1934) war mein Ururgrossvater. Dieser Tag in seinem Leben ist fiktiv, basiert aber auf wahren Begebenheiten und hätte so passiert sein können. Der Text entstand aus Überlieferungen von Familienmitgliedern, etwas Recherche und einem Hauch Fantasie.

Dankbar für das Alltägliche
(von Benjamin Geiser)

Ich bin heute mal dankbar für das Alltägliche.
Ich bin heute mal dankbar für das, was nicht ist.
Und es gut ist, dass es nicht ist.

Ich bin dankbar dafür
dass ich heute Morgen
wieder aufgewacht bin
dass es heute Morgen
draussen wieder hell geworden ist

Ich bin dankbar
für meine Augen
die die Risse
in der Decke meines Schlafzimmers
noch sehen können
für meine Beine
dass sie mich bis ins Badezimmer
tragen
und den ganzen Tag überall
dort hin
wo ich
hingehen
werde

An der Supermarktkasse wurde
meine Kreditkarte
akzeptiert
wie immer
und am Ende des Monats
war genug
Geld da
um die Rechnungen
zu bezahlen

Meine Frau
sieht mich
beim Frühstück
noch mit ihren
tiefblauen Augen
an
und giesst
den Kaffee
mit einem Lächeln
in meine Tasse

Meine LED Lampe leuchtet auf
wenn ich den Lichtschalter drücke
mein Magen behält das Essen
das ich mit Leidenschaft verdrücke

Das Wasser fliesst
wenn ich den Hahn drehe
die Milch ergiesst
sich in die Tasse
wenn ich die Kanne kippe

Mein Rücken schmerzt nicht
mein Kopf tut nicht weh
mein Magen knurrt nicht tagelang
mir ist nicht angst noch bang
denn Krieg und Verfolgung ist für mich
ein Fremdwort

Für all das bin ich dankbar!
Ich bin dankbar dafür
dass vieles Alltägliche
das für mich
Selbstverständliche
so ist
und Vieles
das sein könnte
nicht ist

16. Februar 2018

Gute Tage oder: Lichtblicke

Gute Tage
    sind wie Sterne am Himmel
    sie scheinen
    in der Dunkelheit
    der Schwerfälligkeit

    Sie zeigen
    dass es
    auch in der Seelennacht
    Lebenswertes gibt
    das Hoffnung entfacht

Glücksmomente
    sind wie Laternen am Weg
    sie funkeln
    durch die Nebelschwaden
    von Unglückstagen

    Sie helfen
    dass man
    auch bei Orientierungslosigkeit
    den Blick nicht verliert
    auf die Lebensschönheit

    Sie sind
    die Momente die Ereignisse verbinden
    Lichtblicke
    die plötzlich auftauchen
    und dann wieder verschwinden

Gottes Gegenwart
    ist wie ein Leuchtturm im Sturm
    sie leuchtet
    über die Grenzen
    der Turbulenzen

    Sie lotst
    damit man nicht
    zugrunde geht wo die Sonne versinkt
    wenn man auf offener See
    um sein Leben ringt

    Sie schenkt
    Hoffnung und Zuversicht
    bis man am Ende der Reise
    im sicheren Hafen ankommt
    im Licht

    Sie strahlt
    unermüdlich
    und leuchtet dem Schiff
    um dran zu erinnern
    dass ER uns
    beim Namen
    rief

7. Oktober 2018

Oh du fröhliche

Schon um fünf Uhr wird es dunkel, Lichter und Kerzen werden angezündet und auf den Strassen werden an Marktständen Glühwein und handgestrickte Mützen feilgeboten. Es ist wieder Winter. Und spätestens nach Halloween, wenn die Läden vor lauter Lametta und Lichterketten überquellen, wissen wir:
Winterzeit ist Weihnachtszeit.

Bevor wir es uns versehen, ist auch schon erster Dezember und die Adventszeit hat begonnen. Eine Zeit der Freude! – Dieses Motto scheint zumindest das angestrebte Ziel der Medien zu sein. Aber uns gefriert das Lächeln auf den Lippen, wenn wir daran denken, was wir bis Ende Jahr noch alles erledigen sollten und wem wir noch welches Geschenk kaufen müssen. Wenn wir ehrlich sind, ist die Weihnachtszeit doch eher eine Zeit des Stresses.

Und gerade die gut gemeinte Familienfeier wird zu einer Zelebrierung des künstlichen Lächelns, bei der mit grotesk erscheinender Miene „Oh du fröhliche..." gekrächzt wird. Wenn wir dann noch von Tante Berta einen richtig hässlichen Strickpullover bekommen, den wir am liebsten gleich wieder entsorgen möchten, haben wir die Bescherung (pun intended).
Schade eigentlich.

Schauen wir doch dieses Jahr einmal grosszügig über die beruflichen und familiären Nervigkeiten hinweg und nutzen einfach die Gelegenheit, ganz bewusst das Leben zu geniessen und Freude an den kleinen Dingen im Leben zu finden. Ich möchte dankbar sein für das, was ich habe und andere an diesem Glück teilhaben lassen. Und wer weiss, vielleicht singe ich ja dieses Jahr ein schiefes, aber von Herzen kommendes und ernst gemeintes „Oh du fröhliche". 😉

13. Dezember 2016

persönliche Herausforderungen und die Macht und Güte des Schöpfers

„Du hast mein Klagelied
  in einen Freudentanz verwandelt,
mir statt des Trauerkleids
  ein Festgewand gegeben."

Aus: Psalm 30, 12 (GNB)

Der Erlöser

Wie gross bist du,
der mich niemals verletzt.
Du schaffst eine Welt,
in der ein Samenkorn Berge versetzt.

Ein bisschen Glaube
und verstummt ist mein Schrei.
Sag nur ein Wort
und ich bin frei.

30. Oktober 2012

Nachtgedanken

Manchmal verstreichen die Tage wie zähflüssiges Pech. Schwarz, klebrig und mühselig. Tagsüber kann die Realitätsflucht gelingen, man flüchtet sich in die Arbeit, in Serien oder in eine andere Beschäftigung, bei der man nicht über sich selbst und seine Situation nachdenken muss. Aber nachts wälzt man sich schlaflos im Bett hin und her und grübelt. Und was einem früher Halt gegeben hat, scheint nun immer weiter weg und unerreichbarer. Das Gehirn schlägt Alarm! Die Gedanken drehen sich im Kreis um das Negative und man denkt und denkt und kommt zu keiner Lösung. Und schon ist man in einer Abwärtsspirale. Der Schlafmangel, der dabei zu Stande kommt, wirkt sich auch nicht unbedingt hilfreich auf die Situation aus. Was kann man dagegen tun?
Mir persönlich hilft es, meinen Gefühlen irgendwie Ausdruck zu verschaffen. Sei dies durch einen Text, ein Bild, ein Gespräch, Musik...

Das Leben ist vergleichbar mit einem Konzert, an dem viele verschiedene Musikrichtungen gespielt werden. Es gibt zum Beispiel fröhliche Popmusik, ruhige Klassik und schwermütigen Blues, der uns manchmal auch weh tut und uns den Schlaf raubt. Aber wenn du den ‚Blues' als Teil deines Lebens annimmst, wirst du lernen, damit umzugehen. Du wirst merken, dass dies nur *eine* Musikrichtung des Lebens ist und du wirst viele andere, aufregende, fröhliche und wunderschöne Lieder des Lebens entdecken. Das Leben ist wie ein Konzert. Geniesse es!

27. Juli 2016

Ich weine

Weinen
ist der Schrei meiner Seele.
Der Wunsch,
losgelassen zu werden,
frei zu sein,
endlich leben zu dürfen.

Tränen
kommen aus meinen Augen.
Sind Ausdruck
der Wut,
der Verzweiflung,
des Schmerzes,
der Sehnsucht.

Wie soll ich leben ohne dich?
Wie zurechtkommen ohne deine
unermessliche Güte?
Warum hast du mich verlassen,
HERR?
Ich brauche deine Liebe!

4. Oktober 2012

Gott heile mich

Gott, heile mich
Ich brauche dich.
Sag mir, was muss ich tun für dich,
dass du mich wieder annimmst?

Du bist nicht zornig,
wenn mein Herz verbrennt.
Dein Zorn ist heilig,
doch was ist es, das uns trennt?

Ich blute und blute
und es hört nicht mehr auf.
Gott, gib mir Hoffnung,
sonst steh ich nicht mehr auf.

Ich weiss, du sagst:
Ich liebe dich!
Doch ich kann es nicht glauben;
du starbst nur für mich?!

Ich muss nicht mehr sterben,
weil du lebst.
Und ich kann leben,
weil du mit mir gehst.

Gott, du führst mich
und du leitest mich
und du nimmst mich bei der Hand

und sollte ich jemals wieder denken,
ich stosse an die Wand,

dann lass mich spüren,
dass du bei mir bist,
lass mich sehen,
dass du ins Schwarze triffst.

HERR, ich warte hier
auf deine Herrlichkeit.
Und ich sehne mich nach dir
bis in alle Ewigkeit.

Amen.

28. Oktober 2012

Blockade

– ein kleiner Einblick in mein wiederkehrendes Gefühlschaos und meine emotionalen Herausforderungen während des Schreibens meiner Bachelorarbeit (bestehend aus Vertiefungsarbeit und Portfolio) an der Pädagogischen Hochschule (PH)

prokrastinieren.

noch schnell dies erledigen
schnell social media checken
über gott, mich selbst und die welt nachdenken
ein paar youtube videos gucken
nur noch kurz etwas nachschauen

nur nicht portfolio –

– – –

    Ich möchte es einfach nicht machen,
    ich will es einfach nicht!
    Warum muss ich das schreiben?
    Diese Arbeit stresst mich.

        – – –

blutzucker.

hungrig kann man nicht arbeiten
in verdreckter küche kann man nicht essen
schmutziges geschirr gehört weggeräumt
küchentisch gehört abgewischt

die frage nach der wahl des nahrungsmittels
blick in den kühlschrank – butter
vorratsschrank auf – honig – sonst noch was?
eine reiswaffel verspeisen
dann noch eine
dann noch eine –
gleich beginne ich mit dem portfolio

versuche den hunger meiner seele
mit dem sättigen des körperlichen hungers zu stillen
es funktioniert nur teilweise
jetzt noch kurz etwas schokolade –
nachher hole ich dann meine unterlagen

gleich portfolio
nur nicht jetzt –

– – –

  Ich möchte es einfach nicht machen,
  ich will es einfach nicht!
  Warum muss ich das schreiben?
  So eine doofe Aufgabe.

  Ich fühle mich gefangen von der PH,
  obwohl die PH eigentlich gar nichts macht.
  Der Psychoterror entsteht in meinem Kopf –
  oder in meiner Seele oder sonstwo.

             – – –

<u>arbeitsplatz einrichten.</u>

literatur ausbreiten
computer öffnen

–

ich merke wie meine nervosität ansteigt
atme tief durch
gestehe mir meine gefühle ein
breche plötzlich in schluchzen aus –

Blockade

\- \- \-

Ich *kann* es einfach nicht machen,
ich *schaffe* es einfach nicht!
Warum muss ich das schreiben?
Bitte zwingt mich nicht.

Das grausam Ironische ist,
dass die PH mich gar nicht zwingt.
Ich muss kein Portfolio schreiben.
Nur bekomme ich dann einfach kein Diplom.

Ich kann meine Zeit frei einteilen,
selber entscheiden,
wann und wie
ich am Portfolio arbeiten will.

Ich muss mich
zur Auseinandersetzung damit
entschliessen
und mich dann selber dazu zwingen.

Die Überwindung ist zu gross,
ich habe Angst, bin blockiert.
Alles sträubt sich in mir,
meine Psyche rebelliert.

Ich hasse es, beurteilt zu werden.
Warum das so ist, kann ich nicht erklären.
Fakt ist, die Furcht vor der Arbeit ist da
und ich kann sie nicht ignorieren.

\- \- \-

<u>krise.</u>

entmutigung breitet sich aus
enttäuschung steigt die kehle hoch
die krise hat eigentlich
schon lange vorher begonnen
jetzt manifestiert sie sich

meine kehle schnürt sich zu
ich bin verzweifelt
die selbstvorwürfe habe ich
schon lange hinter mir gelassen
jetzt bin ich einfach noch
mutlos, kraftlos und trostlos

ich weine etwa eine halbe stunde lang
dann fasse ich mich wieder
einigermassen
wasche mein gesicht mit kaltem wasser

immerhin dauerte der gefühlsausbruch
nicht so lang wie letztes mal
ich bin ganz alleine damit klargekommen
sollte stolz auf mich sein
bin es nicht

bin nur frustriert

Gott, wo bist du? Weshalb fühlst du dich nicht
mehr so nah an wie früher?

*** *** ***

GEWISSHEIT.

Ich habe Gott nicht verloren. Nur meine fassliche
Wahrnehmung, meine Gefühle und meine
Empfindungen haben sich verändert. Die Existenz
Gottes ist nach wie vor unerschütterlich. Und er
meint es gut, er ist wohlwollend.

Ich verstehe es nicht. Aber ich will daran glauben!
Es wird wieder besser werden.
Irgendwann geht es vorbei. Gott bleibt.
Alles hat seine Zeit.
ER IST DA.

20. September 2018

Es gibt einen Gott

Es gibt einen Gott,
der ist für dich da.
Auch in der Not
ist er dir nah.

Er gibt dir,
was du brauchst zum Leben.
Um dich zu befreien,
hat er alles gegeben.

Denn ER will dich heilen.

Es gibt einen Gott,
von ihm kommt der Segen.
Er besiegte den Tod
und schenkt dir das Leben!

Er sandte seinen Jesus,
dass er für dich bezahlt
und eben dieser Christus
hing am Kreuz in Menschengestalt.

Gott nimmt dir deine Zweifel,
wenn alles nicht mehr passt
und lädt zu seiner Tafel,
die sein Königreich umfasst.

19. November 2012

Ich wollte weglaufen

Ich wollte weglaufen, doch ich rannte geradewegs in
die liebenden Arme des Vaters.

Tempera auf grauem Zeichenpapier, A4, Osterfeiertage 2017

Halte mich fest

Gott, halte mich fest
wenn der Schmerz
wieder auf mein Herz einsticht
und die Welle der Verzweiflung
mit voller Wucht auf mich trifft

Gott, halte mich fest
wenn die Sehnsucht
mein Innerstes zerreisst
und die Bitterkeit
meine Seele vereist

Gott, halte mich fest
wenn der Schrei
durch meine Kehle dringt
und die unsägliche Verlorenheit
mich in die Knie zwingt

Wenn das bodenlose Unrecht
meine Tränen explodieren lässt
Gott, bitte halte mich dann fest

20. November 2012

unSICHTBAR

du schliesst
die Tür
schämst dich
für
deine Tränen
die dennoch
nicht gesehen
werden

wir gehen
gemeinsam
du bist
trotzdem einsam
alle schauen
doch keiner
sieht dich
wirklich an

    deine Welt ist Schutt und Asche
    doch sie können es nicht seh'n
    können nur 'nen Blick erhaschen
    und dann weitergeh'n

    stumme Schreie deiner Seele
    werden lauter in dir drin
    können nicht aus deiner Kehle
    bist gefangen, nimmst es hin

du bemühst dich
dass du schweigst
und immer
freundlich bleibst
denkst, du darfst
gegen dein Schicksal
nichts
unternehmen

aber ICH
sehe dich an
denn ich GLAUBE
nicht daran
es wird langsam
Zeit
für einen
Neuanfang

stumme Schreie deiner Seele
werden lauter in dir drin
können nicht aus deiner Kehle
bist gefangen, *nimmst es hin*

*** *** ***

DOCH NUN
GEH
DURCH DIESE SCHERBEN
GEH, DU MUSST
DICH NICHT
VERBERGEN

ES IST
NICHT WAHR!
DU BIST
NICHT UNSICHTBAR!

***

UND NUN GEH DURCH DIESE SCHERBEN
GEH, DU MUSST DICH NICHT VERBERGEN
DENN ES IST NICHT WAHR
DU BIST NICHT UNSICHTBAR

DEINE MUSIK WIRD WIEDER SPIELEN
DURCH SIE KANNST DU WIEDER FÜHLEN
UND WAS EINMAL WAR
WIRD JETZT UNSICHTBAR

27. Juli 2016 ♬

Blindman

– eine Geschichte inspiriert vom gleichnamigen Lied „Blindman"
(„Blind man sat by the road and he cried"), ein traditionelles Spiritual

Früher sass ich jeden Tag an der selben Strasse an der
selben Stelle. Eines Tages kam ein Wanderer vorbei. Er
sagte zu mir: „Gehe den Weg, der nach Hause führt!"
„Ich bin blind", antwortete ich, „ich kann ihn nicht
sehen". Der Wanderer ging weiter.
Am nächsten Tag kam wieder ein Wanderer. Er sagte zu
mir: „Gehe den Weg, der nach Hause führt!"
„Ich bin lahm", antwortete ich, „ich kann ihn nicht
gehen". Der Wanderer ging weiter.

Am dritten Tag kam abermals ein Wanderer. Er sagte zu
mir: „Gehe den Weg, der nach Hause führt!"
Ich sagte: „Ich bin blind und lahm, wie soll das
geschehen?" Der Wanderer antwortete: „Du bist
vielleicht lahm und blind, aber dein Herz ist es nicht.
Hörst du die Stimme?"
Ich horchte. Und tatsächlich, aus dem Innersten meines
Herzens sprach eine Stimme. Eine Stimme, deren Klang
unendliche Liebe und Annahme ausdrückte. Ein Gefühl
der Geborgenheit und Hoffnung, der Dankbarkeit und
Zuversicht überkam mich, wie ich es noch nie zuvor
empfunden hatte.
Und ich wusste, wo diese Stimme herkam, dort war ich
zu Hause.

„Ja", sagte ich.
„Folge der Stimme", sagte der Wanderer.

Ich stand auf und ging den Weg, den die Stimme mir zeigte. Und plötzlich sah ich IHN. ER, der mich trug und führte. ER, der mir Augen und Beine gab. ER, der in der Ewigkeit auf mich wartete.

15. Februar 2013

Ich bin frei

Freiheit.

Als hätte ich die ganze Zeit zu atmen versucht,
doch etwas hat auf meiner Lunge gesessen.

Nun ist es weg,
durchgeschnitten und herausgerissen.

Nun kann ich atmen.

Luft   Raum   Weite   Freiheit

Ich habe gelernt, zu atmen.
Ich bin frei.

Oktober 2012

So unendlich frei

– frei nach Psalm 30,12 und Johannes 8,36

Du hast mich befreit.

Du hast mich befreit
von Furcht, Zorn, Rache und Hass
und mir dafür Vergebung geschenkt.
Du hast mich befreit
von Ablehnung, Minderwertigkeit und Scham
und mir dafür Hoffnung geschenkt.
Du hast mir meine Trauer genommen
und mir dafür Freude ins Herz gelegt.

Eine Freude, die in meinem Herzen übersprudelt,
aufsteigt,
und sich in meiner Kehle in ein Lachen verwandelt.
Ein Lachen, das von Innen kommt,
aus den Tiefen meines Herzens,
wo du jetzt wohnst.

Du hast es getan, du hast mich befreit.
Du hast mich von Allem
so unendlich frei gemacht.
Es ist vollbracht.
Denn wenn Du mich frei machst,
dann bin ich wirklich frei!

8. August 2014

VON GNADE ERFÜLLT

Wenn Gott in dein Leben spricht und die Risse und
Wunden in deinem Herzen mit seiner Gnade füllt.

Pastellkreide und Acryl auf Zeichenpapier, A4, Osterfeiertage 2017

Der Erlöser 2.0

Wie gross bist du,
der mich niemals verletzt.
Du schaffst eine Welt,
in der ein Samenkorn Berge versetzt.

Ein bisschen Glaube
und verstummt ist mein Schrei.
Sag nur ein Wort
und ich bin frei.

30. Oktober 2012

Du heilst meine Seele
du rettest die Menschheit
du füllst meine Leere
vorbei ist die Traurigkeit

Du bist da
in der Stunde der Verlorenheit
bist du mir nah
bis in die Ewigkeit

6. November 2012

Zwischenmenschliches

„Es gab in der Welt
tausend und tausend Formen der Freude,
aber im Grunde waren sie alle eine einzige,
die Freude,
lieben zu können.

Beides war ein und dasselbe.“

Aus: „Die unendliche Geschichte“
        von MICHAEL ENDE

Mitmenschen

Mitmenschen
gemeinsam unterwegs im Leben
gemeinsam auf und ab
durch Höhen und Tiefen
geh'n wir
zusammen
freuen wir uns oder halten aus

Gemeinschaft
dafür wurden wir gemacht
wenn's nicht so wär
gäb's uns nicht mehr
es hiesse nicht *Mit-*
sondern *Ohne*-Menschen
wenn jeder alleine durch's Leben sollte
wenn's auf einen selbst gestellt
besser wär

Nun sind wir aber nicht *Einzel-*
sondern *Gemeinsam*-Menschen
Herdentiere, keine Einzelgänger
darum versuche jetzt nicht länger
alleine mit allem fertig zu werden
das Leben ist leichter
wenn man es teilt
wir meistern's gemeinsam
als Mitmenschen

17. Juli 2018

DIE ALTERSREGEL

Er darf das schon,
er ist schon älter.
Du nicht, mein Sohn,
du darfst erst später.

Sie ist noch klein,
du bist schon gross.
Lass sie doch sein,
stell mich nicht bloss.

> *Du bist zu alt,*
> *du darfst nicht mehr.*
> *Alt genug,*
> *du darfst jetzt schon.*

> *Du bist zu jung,*
> *du darfst noch nicht.*
> *Jung genug,*
> *du darfst jetzt noch.*

Das ist die Altersregel, sie ist echt,
doch undefiniert, zu weit.
Die Regel ist doch ungerecht!
Sie ändert mit der Zeit.

Sie darf, obwohl sie jünger ist,
trotz ihrer zarten Jahr'!
Früher durfte *ich* das nicht,
als ich noch jünger war!

Und *er* darf weiterhin,
obwohl er nicht mehr klein.
Wo liegt dann der Sinn darin,
die Jüngere zu sein?

15. Juli 2018

Das Essensmännchen

– ein kurzer Text aus der eigenen Primarschulzeit

Oje. Das Essensmännchen ist krank geworden,
wir müssen etwas machen!

Zuerst essen wir Salat, das gibt ein schönes Bett.
Danach kaufen wir ein Brot: Das wird die Matratze.
Der Käse wird das Kissen.
Jetzt muss es ein Suppenbad nehmen.
Seine Grossmutter bringt ihm Tee und Kuchen.
Schön zudecken mit Schokolade.

Es ist wieder gesund. Höchste Zeit für den Apfelsaft!

vermutlich erste Jahreshälfte 2006

Die Weisheit
mit Löffeln gegessen

Habt ihr sie auch schon getroffen? Solche Menschen, die einem die Welt erklären und scheinbar davon überzeugt sind, dass sie alles wissen (und ihre Meinung erst noch die einzig richtige ist). Mir kommt es manchmal so vor, als dächten diese Leute, sie hätten die Weisheit mit Löffeln gegessen. Ärgerlich wird es, wenn ich nicht mit ihnen einverstanden bin und sie nicht diskutieren wollen. Aber dann fällt mir ein, dass sie auch nur Menschen sind und dass ich auch oft ziemlich klugscheisse. Weisheit ist nicht löffelweise erhältlich. Also beruhige ich mich wieder und schenke ihnen ein Lächeln. Erfahrungsgemäss lässt sich Sturheit selten mit Sturheit bekämpfen (und ich habe wirklich viel Erfahrung mit Sturheit). Deshalb versuche ich es mit Offenheit und Respekt. Von destruktiven Behauptungen lasse ich mich nicht hinunterziehen, sondern lebe einfach so, wie ich bin.

5. November 2016

Heute

Die *Gegenwart* ist die Zeit, in der wir leben,
denn das *Morgen* hat es noch nicht gegeben.
Lass das *Gestern* gestern sein mit all seinen Sorgen
und das *Heute* verschiebe nicht auf morgen.

Manch Leute lachen dich an, doch du weisst,
es kümmert sie nicht einmal, wie du heisst.
Oder sie versuchen, dich zu rumzukriegen,
denn sie wollen dich für sich verbiegen.

And're versuchen, dich zu überzeugen,
doch diesen Menschen wirst du dich nicht beugen.
Der vermeintliche Versuch, dich zu verbessern,
ist einfach viel zu vermessen.

***

Und dann gibt's die, die siehst du an und du weisst:
Sie haben ebenfalls erfahren, was ER verheisst.
Nämlich dieser Moment hier wird vergeh'n,
doch Gottes Wirken bleibt besteh'n.

Er baut sein Reich in unsrer Mitte
und er lenkt und führt unsre Schritte.
Doch oft scheint die innere Einsamkeit
so viel realer als die grössere Wirklichkeit.

Denn die *Gegenwart* ist auch eine *Zwischenzeit*
in der du weinst aus lauter Zerrissenheit.
Es gibt Tage, die bleiben ohne Sinn,
doch sie ändern nichts daran, wer ich bin.

Die *Gegenwart* ist die Zeit, in der wir leben,
denn das *Morgen* hat's für uns noch nicht gegeben.
Lass das *Gestern* gestern sein mit all seinen Sorgen
und das *Heute* verschiebe bitte nicht auf morgen.

Das *Heute* ist das, was wir jetzt haben.
Drum lass uns leben, an allen unsren Tagen.
Das Korsett der Gesellschaft engt uns ein,
doch jetzt wird das Leben *heute* sein.

23. Juli 2016 & 17. Juni 2018 ♫

an dir gefreut

Im Gottesdienst sang ich heut
voller Inbrunst die alten Lieder
ich hörte deine Stimme wieder
und hab mich darüber gefreut

In der Limmat schwamm ich heut
fühlte das Wasser um mich herum
erinnerte mich an deine Umarmung
und hab mich darüber gefreut

Durch den Alltag ging ich heut
erledigte dieses und jenes
lachte über Lustiges und Schönes
und hab mich an dir gefreut

17. Juli 2018

Was ist Schönheit ?

Jetzt mal im Ernst: Was soll das heutige
Schönheitsideal?! Wir streben nach äusserer Perfektion,
rackern uns in Fitnessstudios ab, absolvieren Diät um
Diät und stehen morgens früher auf, um mit „Make-up"
(übersetzbar bspw. mit „zurechtmachen" oder
„vervollständigen") unsere vermeintlichen Makel zu
kaschieren und unsere platten, zerzausten Haare in eine
volle, fliessende Haarpracht zu verwandeln.
Mädchen sind schlank, haben grosse Augen und volle
Lippen, glänzendes, dichtes Haar und bewegen sich
grazil mit langen Beinen auf Stöckelschuhen fort.
Männer sind muskelbepackt, haben breite Schultern und
schmale Hüften, einen markanten Unterkiefer, gerade
Gesichtszüge und strotzen nur so vor Männlichkeit.
Makellose, mit Photoshop bearbeitete Models zeigen uns
auf Plakaten und in Magazinen vor, wie man aussehen
sollte und liefern das Musterbeispiel für die
anzustrebende körperliche Ästhetik. Dabei sehen in der
Realität nicht einmal die Models so aus wie auf den
Bildern. Denn diese wurden von vielen Spezialisten für
Make-up, Belichtung, Kameraeinstellung und
Fotobearbeitungsprogramme gestellt und bearbeitet. Das
in den Medien dargestellte Schönheitsideal ist also
nichts anderes als schlicht unerreichbar. Ich finde das
irgendwie pervers. Dieser unmögliche Kampf hat nichts
mehr mit Schönheit zu tun, sondern ist – so finde ich –
eine Form der Unterdrückung. Für nichts anderes wird
so viel Geld ausgegeben, das anders verwendet
hilfreicher hätte sein können, mit nichts anderem wird

so viel Werbung und Profit gemacht – häufig auch auf Kosten anderer. Zu den Auswirkungen davon gehört eine Werteverschiebung in unserer Kultur, in der wir Menschen oberflächlich beurteilen, statt ihre Persönlichkeit kennenzulernen. Wir vergleichen einander mit kritischem Auge und betrachten uns selbst dabei am unbarmerzigsten. Unsere natürliche Erscheinung empfinden wir nicht als vorzeigbar und finden sie deshalb inakzeptabel. Eine traurige, grausame Realität.

Ich frage mich: Woher kommt dieses übermässige Streben nach ständig perfektionierter Selbstdarstellung? Ist dieses Ringen um Vollkommenheit vielleicht Ausdruck einer grösseren Sehnsucht, derer wir uns aber nicht bewusst sind oder die wir nicht benennen können?

***

„Schön ist eigentlich alles, was man mit Liebe betrachtet", sagte einst Christian Morgenstern. Und ich finde, er hatte Recht. Ist nicht jeder Mensch auf seine eigene Art und Weise schön und es braucht manchmal einfach jemanden (oder etwas), der diese Schönheit zum Vorschein bringt? Jemanden, der nicht nur die Hülle, sondern auch den inneren Menschen anerkennt, das verborgene Potenzial sieht, das Individuum wertschätzt. Jemanden, der vorbehaltlos Liebe verschenkt, an die Person glaubt, gut über sie denkt und spricht, sie aufbaut, ermutigt und Zeit mit ihr verbringt. Jemanden, der ihr Raum zur Entfaltung gibt.

Manchmal ist zugedeckt, wer man wirklich ist und nicht sichtbar, wie grossartig und wundervoll der eigentliche Mensch ist. Es braucht jemanden (oder etwas), der den

Staub und Schmutz wegwäscht, damit der wahre Mensch zum Vorschein kommen kann. Vielleicht braucht es manchmal Vergebung, manchmal vielleicht auch lediglich etwas Zuneigung und Liebe. Dann kann eine Verwandlung geschehen. Hier stellt sich die Frage: Kommt bei einer Verwandlung Neues hinzu? Oder ist es eher wie bei der Metamorphose eines Schmetterlings, bei dem von Anfang an alles in der Raupe steckt? Es braucht Zeit und Geduld, eine scheinbare Zeit des tot-seins, aber eigentlich vielmehr eine Zeit des Wachstums und der Entwicklung im Verborgenen. Und am Ende des Reifeprozesses bricht plötzlich die Hülle auf und der Sommervogel kann seine Flügel entfalten.

***

Ich glaube daran, dass jeder Mensch schön ist. Wenn nun aber diese Schönheit nicht die äussere Ästhetik meint, was macht dann das Edle und Schöne in einem Menschen aus?

Ich persönlich bin der festen Überzeugung, dass der Erschaffer von Himmel und Erde nicht nur die Liebe, sondern auch die Schönheit in Person ist. Schönheit wurde vom Schöpfer liebevoll in jeden Menschen hineingelegt (ER hat uns in SEINEM Bild geschaffen!) – eine Schönheit, die mit irdischen Massstäben niemals messbar sein wird, sondern durch Gottes Gnade aufgedeckt und für uns erfahrbar gemacht wird. Mit einem weiten Herzen, das andere nicht mit kritischem, sondern liebevollem Blick betrachtet, können wir Stück für Stück die Schönheit des Schöpfers in unserem Gegenüber entdecken.

30. Juli 2018

Bei dir

ich möchte nichts
ausser
bei dir sein

einfach
für immer
mit dir sein

einfach so
egal wo

es spielt keine Rolle
was die andern denken

es ist nur wichtig
sich selbst zu verschenken

der Rest ist egal
der Rest – ist egal

Normen
Ethnien
Ausrichtungen

Zwänge
Gesetze
Vorstellungen

sie werden ganz klein
bald nicht mehr wichtig sein

und dann darf ich
endlich
mich selbst sein

einfach bei dir
und
wie ich sein

einfach so
irgendwo

ja bei dir
darf ich
mich selbst sein

ich darf
bei dir
ganz wie ich sein

einfach so
– du und ich –
irgendwo

Herbst 2016 ♫

reich beschenkt

Welch ein Geschenk
dass ich
Menschen
um mich habe
die mich
vorbehaltlos lieben
mich annehmen
so wie ich bin

Welch ein Geschenk
dass ich
Freunde habe
denen ich
nicht egal bin
die sich ehrlich
für mich interessieren
die wirklich
wissen wollen
was
in meiner Seele
vorgeht

Sie sind ein Geschenk
sie
die gerne
Zeit mit mir verbringen
die nicht
den eigenen Vorteil suchen
sondern sich
meine Freunde nennen
um der Liebe willen

Welch ein Geschenk
dass meine Familienmitglieder
eine echte Beziehung
zu mir
pflegen
mich respektieren
und ehrlich mit mir reden

        Sie sind ein Geschenk
        sie
        die mir zur Seite stehen
        wenn ich weine
        mit mir weinen
        und
        wenn ich lache
        mit mir lachen
        und
        sich manchmal auch
        liebevoll
        über mich lustig
        machen

    Sie sind ein Geschenk
    sie
    die mir Mut zusprechen
    wenn ich entmutigt bin
    mich lehren
    dass Humor
    den Alltag
    deutlich leichter macht

Welch ein Geschenk
dass ich
Menschen
um mich habe
die mich
vorbehaltlos lieben
mich annehmen
so wie ich bin
deren Beständigkeit
bedingungslos ist
und deren Vergebung
freimütig gegeben

Ich bin
reich beschenkt
dass ich weiss
dass ich
geliebt bin
ist wahrlich
ein Geschenk

16. Oktober 2018

Lebens~~abschnitts~~partner

Freund,
Gefährte,
die bessere Hälfte.

Lebensabschnittspartner.

Lebens-*abschnitts*-partner?!

Eher ein Partner für *alle* Lebensabschnitte,
ein Verbündeter in jeder Situation.

Ein Teilhaber im Alltag,
ein Gegenüber auf Augenhöhe,
ein Partner fürs Leben.

Ein Lebens-Partner.

Mein Geliebter,
Verbündeter,
Vertrauter.

Mein Auserwählter,
Lebenspartner.

14. Juli 2018

Von der Muse geküsst

ich wurde von der Muse geküsst
leider nicht von dir
den zärtlichen Hauch hab ich vermisst
dein sinnlich-sein mit mir

ich wurde von der Muse geküsst
häng dem Gedanken an dich nach
merk, wie mein Geist beflügelt ist
und meine Sinne wach

ich wurde von der Muse geküsst
verdanken tu ich's dir
du hast mir den Tag versüsst
ich danke dir dafür

15. Juli 2018

Benjamin Geiser,
Miriam Geiser

Was das Leben ausmacht

Gedichte von Benjamin G.

ISBN: 978-3-7528-0280-1
100 Seiten, Paperback

39 Gedichte. Aus dem Leben geschnitten.
Erlebtes und Ersehntes. Freude und Trauer, Sehnsucht
und Enttäuschung. Was das Leben halt ausmacht ...

Gedichte, auch als Andacht geeignet oder als Impuls für
zwischendurch. Zum drüber nachdenken oder einfach
geniessen.

Benjamin Geiser

Spannendes...

Gedanken von Benjamin G.

ISBN: 978-3-7460-1134-9
180 Seiten, Paperback

Spannendes... Eine Sammlung von Gedanken und Erlebnissen des Benjamin G. In seinem ersten Buch „Spannendes ..." ist ziemlich ungefiltert *Allgemeines, Philosophisches, Besinnliches, Witziges* – manchmal auch *Sinnloses* – sowie eher *Tiefes* und *Persönliches* zu finden. Eine bunte Sammlung aus den letzten Jahren.